CE QUI NOUS PERMET
DE CONSIDÉRER LA BEAUTÉ
D'UNE FLEUR PARFAITE EST LE FAIT
QU'ON PREND LE TEMPS DE S'ARRÊTER
POUR BIEN LA REGARDER. C'EST LE FAIT
DE PASSER CET INSTANT EN UN ÉTAT
DE PARFAITE TRANQUILLITÉ, SANS
CONTINUER NOTRE MARCHE VERS LE CIEL.

BLEACH 12 — FLOWER ON THE PRECIPICE

- Tite Kubo -

STARS AND

Yasutora Sado

Ganju Shiba

Ichigo Kurosaki

★ plot

Ichigo Kurosaki est un lycéen tout à fait normal (?) mis à part le fait qu'il peut voir des fantômes. Mais un jour, un monstre appelé Hollow apparaît en voulant dévorer Ichigo et sa famille. Il rencontre alors la jeune shinigami Rukia Kuchiki, et n'a plus que deux choix : se transformer lui aussi en shinigami afin de sauver sa famille, ou mourir avec celle-ci !

Mais notre héros finit par aspirer tout le pouvoir de shinigami de Rukia, se voyant donc obligé de l'aider dans ses missions jusqu'à ce qu'elle se rétablisse. Le boulot d'un shinigami consiste à guider vers le Soul Society les âmes perdues, les Hollows.

Ichigo, Orihime, Ishida et Chad ont envahi le quartier réservé aux shinigamis avec l'aide de Yoruichi et Ganju Shiba ! Mais ils ont été séparés pendant leur atterrissage, et chacun de nos héros doit maintenant combattre divers shinigamis.

Ichigo s'est battu contre Renji Abarai devant la prison où Rukia est enfermée !! Après un combat terriblement dur, Renji a demandé à Ichigo de sauver Rukia avant de s'évanouir !!...

BLEACH12

FLOWER ON THE PRECIPICE

CONTENTS

8

NOTRE PRIORITÉ EST DE SAUVER LE VICE-CAPITAINE ABARAI.

ICHI-GO...

AH BON... ET COMMENT VA-T-IL ?

UN POUVOIR DE GUÉRISON ?! TU VEUX DIRE QUE LA DIVISION DE LA LOGISTIQUE S'OCCUPE AUSSI DES MÉDICAMENTS ET AUTRES ?!

OUI.

EN FAIT, LA PLUPART DES SHINIGAMIS N'UTILISENT LEUR ÉNERGIE SPIRITUELLE QUE POUR SE BATTRE, MAIS LES MEMBRES DE LA 4ÈME DIVISION SONT CHOISIS ENTRE AUTRES POUR LEUR CAPACITÉ À UTILISER CETTE ÉNERGIE POUR GUÉRIR.

À VRAI DIRE, ON NE PEUT PRESQUE RIEN FAIRE D'AUTRE, MAIS...

MAIS... JE LE GUÉRIRAI, JE LE JURE !

C'EST TERRI-BLE...

J'AI JUSTE BESOIN DE TEMPS...

15

OHHH... QUELLE PEUR !

!

C'EST MOI QUI IRAI APPELER LA 4ÈME DIVISION, COMME ÇA IL NE POURRA PAS VOUS EN VOULOIR.

ALLEZ, RAMÈNE-TOI, IZURU.

NE VOUS EN FAITES PAS.

CAPITAINE ICHIMARU !

OUI M'SIEUR !

M'SIEUR LE CAPITAINE DE LA 6ÈME DIVISION EST TOUJOURS AUSSI TERRIFIANT, À CE QUE JE VOIS.

QUELLE FAÇON DE PARLER.

...

JE SUIS VENU T'AVERTIR D'UN DANGER.

...

SANS MÊME ÊTRE ACCOMPAGNÉ DE TON VICE-CAPITAINE...

...

QU'EST-CE QUE TU FAIS ICI ?

FAIS GAFFE À LA 3ÈME DIVISION.

SUR-TOUT...

PLUS TU TE MÉFIERAS, PLUS TU SERAS EN SÉCURITÉ.

C'EST À ICHIMARU QUE JE FAIS ALLUSION, MAIS MÉFIE-TOI AUSSI DE KIRA AU CAS OÙ.

TU PARLES DE KIRA...? POURQUOI...

EUH...? LA 3ÈME DIVISION...?

100. Semblable à une fleur poussant sur une falaise

SI TU TOMBES DANS LES POMMES AVEC UN PETIT COUP COMME ÇA, ALORS IL VAUT MIEUX QUE TU N'AILLES SURTOUT PAS DEHORS !

DON

SBAF

M. GANJU ?!

RESTE TRANQUILLE JUSQU'À CE QUE T'AIES GUÉRI, CRÉTIN !!

LA FERME ! AU MOINS IL NE BOUGERA PAS. C'EST MIEUX COMME ÇA !!

CE QUE VOUS ÊTES VIOLENT, M. GANJU...

AAAHN... MAINTENANT, J'AI UNE BLESSURE DE PLUS À GUÉRIR...

NE VIENS PAS TE PLAINDRE DE MA FAÇON DE FAIRE !

ZUR... ZUR...

ZUR ZUR

JE M'ATTENDAIS VRAIMENT À CE QUE CE SOIT UNE BLESSURE MORTELLE...

CECI DIT, JE SUIS SURPRIS QUE CETTE COUPURE AIT ÉTÉ TELLEMENT PEU PROFONDE...

25

...IL A AMORTI LE COUP...

C'EST GRÂCE À CE MASQUE QUI ÉTAIT DANS SON KIMONO..

NON... CE QUI M'INQUIÈTE LE PLUS, C'EST...

QUEL MATÉRIEL POURRAIT ARRÊTER UN COUP COMME CELUI DE M. ABARAI...?!

JE ME DEMANDE BIEN CE QUE ÇA PEUT ÊTRE...?

DITES, M. ICHIGO...

...IL RESSEMBLE BEAUCOUP TROP À UN MASQUE DE HOLLOW...!

CE MASQUE...

100. Semblable à une fleur poussant sur une falaise

ORDRES
DE
COMBAT
EXCEP-
TIONNELS !

TAP TAP

TAP TAP TAP

ORDRES
DE
COMBAT
EXCEP-
TIONNELS !

CE
SONT LES
ORDRES DE
M. GENRYÛSAI
SHIGEKUNI
YAMAMOTO,
CAPITAINE DE
LA PREMIÈRE
DIVISION ET
COMMANDANT
EN CHEF DES
13 DIVISIONS
DE LA COUR.

DE PLUS,
ILS ONT LA
PERMISSION
D'ENGAGER LE
COMBAT DÈS
QUE L'ENNEMI
EST EN VUE.

TOUT
D'ABORD, TOUS
LES CAPITAINES
ET LEURS VICE-
CAPITAINES PEUVENT
PORTER LEURS
ZANPAKUTÔS EN
PERMANENCE
N'IMPORTE OÙ
DANS LA VILLE.

OUI...

JE VOUS
PRIE DONC
DE BIEN
FAIRE
ATTENTION,
VICE-
CAPITAINE
HINAMORI !

EN EFFET,
IL N'EST
ABSOLUMENT
PAS EXCLU
QUE L'ENNEMI
VIENNE NOUS
ATTAQUER
DIRECTE-
MENT.

L'ENNEMI
EST
TELLEMENT
FORT QU'IL
EST
PARVENU
À BATTRE
LE VICE-
CAPITAINE
ABARAI. LA
GARDE A
DONC ÉTÉ
RENFOR-
CÉE.

J'AURAIS PRÉFÉRÉ QU'ON N'AIT PAS BESOIN DE PORTER LE SABRE...

POURQUOI... POURQUOI FALLAIT-IL QUE TOUT ÇA ARRIVE...?

CE SERAIT TELLEMENT BIEN SI ON POUVAIT CONTINUER EN PAIX...

ABA-RAI...

LE PORT DES ZANPAKUTÔS...

LA GUERRE OUVER-TE...

FAIS GAFFE À LA 3ÈME DIVISION.

CAPITAINE AIZEN...

SURTOUT...

KATLAK

ZURK!

PA... PARDON...

HINA-MORI.

QU'EST-CE QU'IL Y A ?

QUELQUE CHOSE NE VA PAS ?

PARLER UN PEU...?

POUR-RIONS-NOUS...

VEUILLEZ ME PARDONNER !

JE... JE N'ARRIVE PAS À DORMIR !

JE SAIS QUE C'EST UN MANQUE DE RESPECT DE VENIR VOUS DÉRANGER À UNE HEURE PAREILLE, ALORS JE VOUS PRIE DE M'EXCUSER, CAPITAINE...

ABARAI A BEAUCOUP D'AMIS.

JE N'AI PAS ÉTÉ LE SEUL.

ELLE A ÉTÉ REPOUSSÉE... EST-CE VOUS QUI AVEZ VOTÉ CONTRE, MONSIEUR ?

AAH...

JE CROIS QU'IL N'Y A PERSONNE À LA COUR QUI SERAIT HEUREUX DE LE VOIR SE FAIRE EXPULSER.

...TOUT EN LUI SEMBLE COULER SUR MON CŒUR COMME UNE EAU PURIFICATRICE.

LES PAROLES DOUCES DU CAPITAINE AIZEN... SA VOIX...

J'AI VRAIMENT BIEN FAIT DE VENIR ICI CE SOIR.

JE SUIS TELLEMENT HEUREUSE D'ÊTRE SOUS VOS ORDRES...

...CAPITAINE AIZEN...

TAK
TAK

PAR...

IL N'EST PAS LÀ...

CAPITAINE AIZEN...?

ET...

...EUH?

CUICUI

PARDON ! JE ME SUIS ENDORMIE...

TRILILILI

TRILILILI

TRILLILILI

WAAH !

IL EST SI TARD QUE ÇA ?!

TAP TAP

JE ME DEMANDE SI J'ARRIVERAI À TEMPS AU RASSEMBLEMENT...

TAP

S'IL S'ÉTAIT RÉVEILLÉ PLUS TÔT, LE CAPITAINE AURAIT PU ME RÉVEILLER AUSSI...

TAP

COOL ! COMME ÇA JE NE SERAI PAS EN RET...

ZAM

JE VAIS PRENDRE UN RACCOURCI.

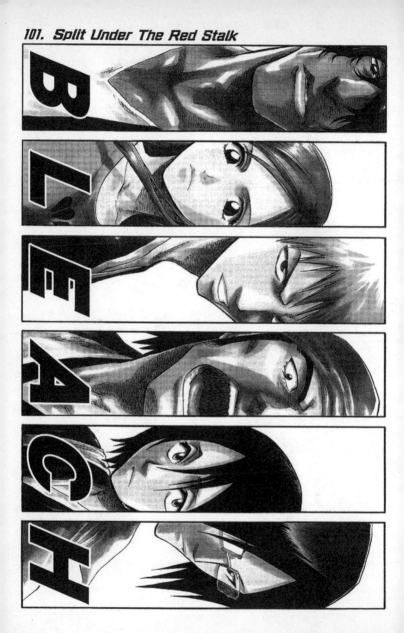

EH BIEN.

JE TROUVE QU'IL EST ENCORE TRÈS TÔT DANS LA JOURNÉE POUR FAIRE AUTANT DE BRUIT.

ZAM

FAIS GAFFE...

FAIS GAFFE À LA 3ÈME DIVISION.

SURTOUT...

BLAM

...DANS UN ENDROIT PAREIL !!

SORTIR TON ZANPA-KUTÔ...

ICHIGO !!

TOI NON PLUS, TU NE DOIS PLUS AVOIR MAL NULLE PART, NON ?

OUAIP.

GRÂCE À HANA-TARÔ.

EST-CE QUE ÇA VA, ICHIGO ?!

TAK

LE PAUVRE GAMIN S'EST OCCUPÉ DE TES BLESSURES APRÈS M'AVOIR GUÉRI COMPLÈTEMENT.

INSIGNE DE LA 4ᵉᵐᵉ DIVISION.

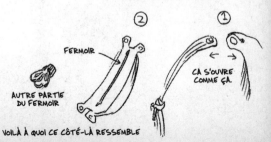

② FERMOIR

AUTRE PARTIE DU FERMOIR

VOILÀ À QUOI CE CÔTÉ-LÀ RESSEMBLE

① CA S'OUVRE COMME ÇA.

* LE NOM DE SADO POURRAIT AUSSI SE LIRE "CHADO", CE QUI À PREMIÈRE VUE PARAÎT PLUS LOGIQUE À CAUSE DE LA PRONONCIATION DES IDÉOGRAMMES ET CRÉE DONC CE GENRE DE CONFUSION.

64

JE ME DISAIS JUSTE QUE, TOI AUSSI, TU ATTIRAIS VRAIMENT L'ATTENTION.

RIEN.

QUOI...?

TU DOIS BIEN CONNAÎTRE LE PROBLÈME TOI AUSSI, NON ?

WIP

C'EST SADO.

ET TU TIENS À PEINE DEBOUT.

ZUURK

BON.

IL VAUDRAIT MIEUX QU'ON Y AILLE, CHAD.

COMMENT ÇA, TU NE CONNAIS PAS ?

ET CHAD SMITH ?

TU N'AIMES PAS QUE JE T'APPELLE "CHAD" ?

CA SONNE BIEN, ET C'EST COMME DOMINIC CHAD.

CONNAIS PAS NON PLUS...

JE NE CONNAIS PAS...

MAIS JE CONNAIS EUGÈNE CHADBONE.

C'EST QUI ?

UN RÊVE...?

HMM

ZIP

JE ME FAIS VIEUX...

JE ME METS À RÊVER DU PASSÉ, MAINTENANT...

IL NE NOUS RESTE PLUS QU'À CHERCHER DANS CE HANGAR !

BIEN !

TAP TAP

VOUS L'AVEZ TROUVÉ ?!

LE DEUXIÈME GROUPE, ENCERCLEZ L'ENDROIT !

TAP TAP

NON !

TAP TAP

70

71

NE RECOMMENCE PAS...

...À M'ATTAQUER...

• • •

HÉ...?

PA... PARDON !! NE ME TUEZ PAAAS...

BRRR

EEEK...!!

DASH

VOUS N'ALLEZ PAS... ME TUER ?

VRAIMENT...?

JE... JE NE LE FERAI PLUS...

AH... EUH...

AHH...

UN MALÉFICE ERRANT.

EN VOILÀ UN....

IL FAUT QUE J'Y AILLE.

JE N'AI PAS LE CHOIX, ALORS...

Capitaine de la 8ème division : SHUNSUI KYÔRAKU

IL NE VEUT PAS QUE SES SUPÉRIEURS PENSENT QU'IL PERD TROP DE TEMPS AVEC CES ENVAHISSEURS.

LE VIEUX YAMA' A INSISTÉ LÀ-DESSUS, JE N'AI PAS LE CHOIX.

CE N'EST QU'UN SEUL MALÉFICE ERRANT... JE PEUX M'EN OCCUPER MOI-MÊME.

VOUS ALLEZ VRAIMENT L'AFFRONTER VOUS-MÊME ?

"TOUT SAUF PERDRE LA FACE"...

LES ADULTES SONT VRAIMENT OBSÉDÉS PAR LEUR HONNEUR.

Vice-Capitaine de la 8ème division : NANAO ISE

ET PAR AILLEURS...

DASH

FERME-LA ! ON FINIRA BIEN PAR Y ARRIVER !!

HA

HA

ME...

MERDE...! CET ESCALIER N'EN FINIT PLUS...!

COMBIEN DE MARCHES ENCORE ?!

TAP TAP

ON N'A PLUS QU'À ALLER JUSQU'AU FOND...

BIEN !

IL N'Y A PERSONNE ! ON DIRAIT QUE L'ENDROIT N'EST PAS TRÈS GARDÉ !

CA Y EST !!

ZURK

QU...

QU'EST-CE QUE C'EST QUE CETTE ÉNERGIE SPIRITUELLE COMPLÈTEMENT LOUFOQUE...?!

QU'EST-CE...

WHOOOM

IL Y A QUELQU'UN OU QUELQUE CHOSE ICI ...?!

WOOÒ

LE REMÈDE DE HANATARÔ

HANATARÔ L'A PRÉSENTÉ COMME ÉTANT
LE MÉDICAMENT QUE TOUS LES MEMBRES DE
LA 4ÈME DIVISION PRENNENT, MAIS LA VÉRITÉ
EST QUE SES COLLÈGUES PLUS ÂGÉS L'ONT
ENCORE UNE FOIS TROMPÉ POUR SE MOQUER
DE LUI. LE COMPRIMÉ NE CONTIENT EN FAIT
QUE DE LA FARINE ET N'A RIEN À VOIR AVEC LE
VRAI MÉDICAMENT QUE LES AUTRES MEMBRES
DE LA DIVISION PRENNENT RÉGULIÈREMENT.

Quartier général de la 5ème division - Cellule spéciale n°1

RANGI-
KU...

QU'EST-
CE QUE...

103. Dominion

103.Dominion

*VICE-CAPTAINE MATSUMOTO.

C'EST COMME...

...S'IL AVAIT SON SABRE SUR MA GORGE PENDANT TOUT CE TEMPS...

ON COURT DEPUIS UN MOMENT...

...MAIS JE N'AI PAS L'IMPRESSION QU'ON S'ÉLOIGNE DE L'ENNEMI...

AH !

HA

BLAM

HA

HA

URGH

HANA-TARÔ ?!

PA... PAR-DON...

JE N'AI PLUS DE FOR-CES...

QU'EST-CE QUE TU FOUS ?!

91

GWAP

WAAAH !!

...'FAUT TOUJOURS S'OCCUPER DE TOI !!

NON MAIS FRANCHE- MENT...

DASH

NI LUI.

CE N'EST PAS LUI.

EST-CE
TOI ?

...POUR QU'ON
S'ENTRE-TUE.

UNE POSITION
STRATÉGIQUE.

104. The Undead

WOOOO

C'EST LUI LE CAPITAINE DE LA 11ÈME DIVISION

KENPACHI ZARAKI...

QUELLE ÉNERGIE SPIRITUELLE OPPRES- SANTE...! ON VOIT BIEN QUE C'EST UN CAPITAINE...

QU'EST-CE QUE TU AS ?

LUI...

C'ÉTAIT DONC DE LUI QU'ÉMANAIT CETTE PUISSANCE INCROYABLE QU'ON SENTAIT DEPUIS TOUT À L'HEURE...

...POUR QU'ON S'ENTRE-TUE.

...QUE JE SUIS VENU...

JE T'AI DIT...

...C'EST QUE T'ES D'ACCORD POUR QU'ON COMMENCE TOUT DE SUITE ?

SI TU NE RÉPONDS RIEN À CELA...

ZAM

ZIP

HI!!

!!!

ZURK

GAN-JU !!

HANA-TARŌ !!

HANA-TARŌ ...!!

URH ...

ZURK

ZURK

AGH ...

ZURK

IL FAUT QU'ELLES SOIENT VRAIMENT TRÈS ÉLEVÉES POUR QU'ON PUISSE EN SENTIR L'ÉCHO JUSQU'À L'INTÉRIEUR DE CETTE TOUR QUI EST POURTANT CONSTRUITE EN SEKKISEKI...*

IL Y A BEAUCOUP D'ÉNERGIES SPIRITUELLES PRÈS D'ICI, AUJOUR- D'HUI.

IL DOIT Y AVOIR UN CAPITAINE PAS LOIN D'ICI.

*MINERAI QUI NE LAISSE PAS PASSER L'ÉNERGIE SPIRITUELLE. LES MURS D'ENCEINTE DU SEIREITEI SONT CONSTRUITS AVEC CE MATÉRIAU-LÀ.

SI ÇA SE TROUVE, C'EST VRAI QU'ICHIGO EST VENU...

JE ME DEMANDE S'IL Y A DES COMBATS PAS LOIN D'ICI...

IL Y AVAIT PAS MAL DE BRUIT HIER AUSSI...

DANS CE CAS-LÀ, JE ME DEMANDE BIEN OÙ IL PEUT ÊTRE EN CE MOMENT...

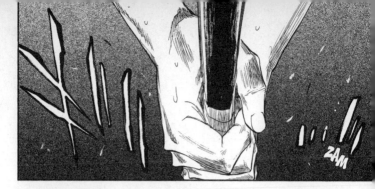

PAS MAL.

HUF !

HUF !

HUF !

MAIS TU ES ENCORE À UN NIVEAU TROP ÉLOIGNÉ DU MIEN...

MER- CI...

SI JE TE DONNAIS UNE PETITE AVANCE POUR COMPENSER ÇA ?

DIS- MOI...

TA GARDE EST BEAUCOUP TROP RIGIDE ET PLEINE D'OUVERTURES, ET SEULE TON ÉNERGIE SPIRITUELLE EST VRAIMENT ÉLEVÉE.

UN VICE-CAPITAINE NE POURRAIT PAS FAIRE FACE À UNE ÉNERGIE COMME LA TIENNE.

VOILÀ POURQUOI IKKAKU A ÉTÉ BATTU.

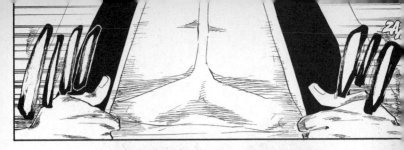

HMM...

MAIS... QU'EST-CE QUE TU FAIS ?!

AH... M. GANJU...

JE...

T'ES RÉVEILLÉ, HANA ?

!!

C'EST DE LA FOLIE !!

BEN... MOI AUSSI JE LUI AI DIT ÇA, MAIS...

ICHIGO ? IL EST RESTÉ SE BATTRE AVEC L'AUTRE MEC.

M... M. ICHIGO EST...?!

PEU IMPORTE LA FORCE DE M. ICHIGO, IL SE FERA TUER !!

NON...

IL NE FAUT PAS !! VITE, RETOURNE EN ARRIÈRE !!

SE BATTRE AVEC LUI ? TOUT SEUL ?!

DE TOUTES LES TREIZE DIVISIONS DE LA COUR, IL EST LE GUERRIER QUI AIME LE PLUS COMBATTRE, ET QUI A TUÉ LE PLUS D'ENNEMIS DANS SA VIE !! IL A MÊME REÇU UN SURNOM À CAUSE DE ÇA...

BRRR

CET HOMME... C'EST KENPACHI ZARAKI, DE LA 11ÈME DIVISION...

PLOP

PLOP

PLOP

...SANS JAMAIS POUVOIR L'ABATTRE" ...!

"L'HOMME QU'ON PEUT FRAPPER DE SON SABRE ÉTERNELLEMENT...

CE N'EST PAS VRAI... POURQUOI...
IL N'A PAS LA MOINDRE ÉGRATIGNURE...!!

JE SUIS DÉÇU.

C'EST TOUT CE QUE TU PEUX FAIRE ?

...TÂCHE DE NE PAS MOURIR AU BOUT DU PREMIER OU DU SECOND COUP.

MAIS S'IL TE PLAÎT...

C'EST MON TOUR, MAINTENANT.

ZURK

PENDANT CE TEMPS-LÀ, SUR TERRE.

POUR-QUOI ?!

POURQUOI LE PRÉSIDENT DE NOTRE CLUB, ISHIDA, ET NOTRE MEMBRE LA PLUS POPULAIRE, INOUE, NE SONT PAS VENUS AU CLUB UNE SEULE FOIS PENDANT NOTRE CAMP SPÉCIAL DE VACANCES ?!

LE VICE-PRÉSIDENT DU CLUB DE COUTURE - HIRAYAMA.
(IL EST EN TERMINALE)

GWAP

...ON ARRIVAIT À PEINE À BOUGER À CAUSE DE LA PUISSANCE DE L'ÉNERGIE DE CE MEC !!

TOI ET MOI...

QUE POURRIONS-NOUS FAIRE POUR AIDER ICHIGO ?!

CRÉTIN PROFOND ! ET TU CROIS QUE TU PEUX L'AIDER ?!

LAISSEZ-MOI, S'IL VOUS PLAÎT !

SI ON NE VA PAS LE SAUVER, M. ICHIGO MOURRA !

TOUT CE QU'ON PEUT FAIRE, C'EST CONTINUER À AVANCER !

C'EST HONTEUX POUR NOUS, MAIS SI ON Y VA, ON FINIRA PAR LE GÊNER...

SI L'UN D'ENTRE NOUS A UNE CHANCE DE REMPORTER CE COMBAT, C'EST ICHIGO...!

105.Spring, Spring, Meets The Tiger

ZAN

POURQUOI...?

IL N'A RIEN...

CE N'EST PAS POSSIBLE...

J'AI... J'AI POURTANT FRAPPÉ POUR DE VRAI...

BLEACH

* YACHIRU KUSAJISHI

ALORS QUE MAINTENANT, JE PEUX EN LANCER CINQ SUIVIS SANS MÊME RESSENTIR DE LA FATIGUE...

AU DÉBUT, JE NE POUVAIS LANCER QUE DEUX COUPS PAR JOUR...

· · ·

SWISH

INOUE... ISHIDA... ICHIGO...

M. YORUI-CHI...

ZAM

ET TOUT ÇA GRÂCE À M. YORUICHI, JE DOIS LE REMERCIER...

KRAK

ET QUE VOUS N'ÊTES PAS BLESSÉS...

J'ESPÈRE QUE VOUS ALLEZ TOUS BIEN...

C'EST ICI QUE TON CHEMIN S'ARRÊTE, PAUVRE MALÉFICE ERRANT !!

AT-TENDS !

133

...DE LA 8ème DIVISION...?

HU HU HU...

LE CAPITAI-NE...

HU HU...

HU...?

HU HU...

OUI, ENCHAN-TÉ !

HMM HU HU HU...

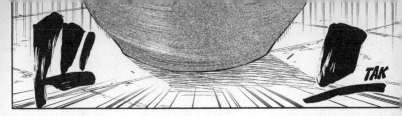

TAK

AMICA-
LEMENT !

BUVONS !

JUSTE
UN PETIT
MOMENT,
SI TU
VEUX.

MAIS ENFIN...
SI JE NE PEUX
PAS TE
CONVAINCRE À
PARTIR, JE PEUX
PEUT-ÊTRE TE
RETENIR ICI
PENDANT UN
MOMENT.

QUOI...?

· · ·

* CAPITAINE SHUNSUI KYŌRAKU

POUR-
QUOI...

COMMENT
PEUT-IL
LES
ÉVITER...?!

ET
ENCORE
RATÉ.

LES
CAPITAINES
NE SONT QUE
DEUX GRADES
AU-DESSUS,
MAIS LA
DIFFÉRENCE
DE FORCE EST
INCROYABLE...

LE
MEC DE
TOUT À
L'HEURE
A DIT
QU'IL
ÉTAIT UN
LIEUTE-
NANT...

IL A ARRÊTÉ MON PREMIER
COUP... ET IL A ESQUIVÉ
TOUS LES SUIVANTS...

JE N'ARRIVE PAS À PLACER
UN BON COUP! ET IL N'A PAS
L'AIR DE S'ÊTRE BLESSÉ EN
ARRÊTANT LE PREMIER...!

MAIS JE NE PEUX PAS RECULER.

JE TE REMERCIE POUR TON AVERTISSEMENT.

JE T'AI DÉJÀ DIT D'ABANDONNER.

IL EXISTE DEUX TYPES D'ATTAQUES D'ÉNERGIE... CELLES OÙ ON NE PEUT PLUS EN LANCER UNE FOIS QUE LES LIMITES SONT DÉPASSÉES...

...ET CELLES QU'ON PEUT CONTINUER À UTILISER, AU PÉRIL DE SA VIE JUSQU'À CE QU'IL NE RESTE PLUS D'ÉNERGIE DU TOUT ET QU'ON MEURE...

TU AS POURTANT TRÈS BIEN COMPRIS.

ET TA TECHNIQUE FAIT CLAIREMENT PARTIE DE LA DEUXIÈME CATÉGORIE.

PAR AILLEURS, TU AS LARGEMENT DÉPASSÉ TES LIMITES.

SWAM

TIP

TSS...

OH NON...

K'O GWAP

...SI TU CONTINUES À INSISTER, TU FINIRAS VRAIMENT PAR MOURIR.

JE NE DIS PAS ÇA POUR ÊTRE MÉCHANT, MAIS...

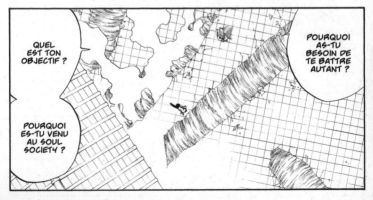

QUEL EST TON OBJECTIF ?

POURQUOI AS-TU BESOIN DE TE BATTRE AUTANT ?

POURQUOI ES-TU VENU AU SOUL SOCIETY ?

TAP TAP

107.Heat In Trust

ZWASH

ICHIGO...

107.Heat In Trust

POURQUOI ES-TU SI DISTRAIT ?!

CHAD !

KLANG

KLANG

KLANG

TU AS EU DE LA CHANCE QUE JE PASSE PAR LÀ CETTE FOIS-CI. MAIS...

...UN DE CES JOURS, TU VAS FINIR PAR TE BLESSER GRAVEMENT À FORCE DE TE PROMENER SANS FAIRE ATTENTION.

ARRÊTE AVEC ÇA, LES LECTEURS N'EN RIENT PLUS !

JE M'AP-PELLE SADO.

...QUE JE NE ME SERVIRAI JAMAIS DE MES POINGS POUR MON USAGE PERSONNEL.

J'AI DÉCI-DÉ...

ET PUIS POURQUOI TU LES LAISSES TE TABASSER À VOLONTÉ ALORS QUE TU ES AUSSI FORT ?!

KLANG

JE L'AI PROMIS À MON ABUELO.

...

C'EST QUOI, CE COLLIER ?

TU LE PORTES EN PERMANENCE.

PROBA-BLEMENT...

...PLUS IMPORTANT QUE MA VIE, MÊME.

C'EST QUELQUE CHOSE D'IMPORTANT...?

C'EST ÇA...

HUM ?

OUI...

C'EST D'OÙ ?

ZIP

ÇA RESSEM-BLE À UNE PIÈCE DE MONNAIE ÉTRAN-GÈRE.

CE TRUC.

...

LOST
16

C'EST TOUT.

JE SUIS NÉ À OKINAWA ET J'AI ENSUITE VÉCU AU MEXIQUE.

LES DEUX HISTOIRES ÉTAIENT VRAIES.

MON GRAND-PÈRE QUI HABITAIT AU MEXIQUE M'A RECUEILLI.

J'AVAIS HUIT ANS.

MES PARENTS SONT MORTS ALORS QUE J'ÉTAIS TRÈS JEUNE, ET JE N'AVAIS PAS DE FAMILLE AU JAPON.

...ET COMME J'ÉTAIS DÉJÀ TRÈS FORT, SI QUELQU'UN NE ME PLAISAIT PAS, JE N'HÉSITAIS PAS À TABASSER CETTE PERSONNE.

À L'ÉPOQUE, J'ÉTAIS UN GAMIN GÂTÉ...

MÊME SI JE LE REMERCIAIS JUSQU'À EN PERDRE LA VOIX, ÇA NE SERAIT PAS SUFFISANT, COMPTE TENU DE TOUT CE QU'IL A FAIT POUR MOI.

C'EST GRÂCE À LUI QUE JE SUIS DEVENU UNE PERSONNE DÉCENTE.

MAIS MON ABUELO ÉTAIT TOUJOURS LÀ POUR ME GRONDER DE TOUTES SES FORCES QUAND JE FAISAIS CE GENRE DE CHOSE.

Ziik

CECI DIT...

...J'ÉTAIS VRAIMENT UN GAMIN ODIEUX.

TAC

À L'ÉPO- QUE...

URGH !

BLAM

...DE NOS JOURS, J'AURAIS GAGNÉ À ÊTRE UN PEU PLUS ATTENTIF.

TOI AUSSI, TU DEVRAIS BIENTÔT ARRÊTER DE SQUATTER NOTRE CLUB UNIQUEMENT PARCE QUE LES AUTRES MEMBRES DE TON CLUB DE BOXE NE VEULENT PAS TE LAISSER PARTICIPER AUX MATCHS...

EUH, FUJIO...

JE COMPRENDS SES SENTIMENTS.

LAISSE-LE EN PAIX.

JE SAIS QUE TU ES RENTRÉ DANS CE CLUB UNIQUEMENT À CAUSE DE TA "CARRIÈRE" RATÉE DANS LE CLUB DE BASE-BALL.

TU M'ÉCOUTES, OUI ?

POURQUOI ?! POURQUOI ?!

ONO, EN PREMIÈRE.

FUJIO, EN TERMINALE LUI AUSSI.

RADIO-KON★BABY!!

GÉNÉRIQUE DE DÉBUT, "WE ARE RADIO KON, BABY !" ★3★

Héé ! Ça roule, les copains ?!
Nous sommes revenus ! C'est un peu à la dernière minute, alors on présente notre invité d'honneur dès la première page cette fois-ci. Pour notre très attendu troisième épisode de Radio Kon, nous allons recevoir Ishida !

Bonjour.

Tu es plutôt taciturne, "quatre z'yeux" ! C'est tout ce que tu as à dire ?! Allez, assieds-toi là ! Au fait, toutes les personnes qui ont écrit en disant qu'Ishida devait réparer mon oreille ou faire en sorte que ce soit pire, sachez que je suis en colère ! Il y avait des tonnes de lettres comme ça parce qu'il fait partie du club de couture !! Tu ne t'approcheras pas de moi, compris, quatre z'yeux ?!

Euh...d'accord... Je n'en avais pas l'intention, de toutes façons.

Question : Ishida peut-il voler avec sa cape ?

Quelle question, et dès le début de l'interview... Je préfère donner une réponse nuancée : "il se pourrait que ce soit possible."

Peut-être que cette personne pense que toutes les capes sont des accessoires servant à voler... ou peut-être qu'elle se moque de toi, tout simplement.

‼

Question : Normalement, c'est la main gauche qui tient l'arc, peu importe que l'utilisateur soit droitier ou gaucher, mais avec Ishida, c'est la main droite. Est-ce une particularité des Quincy ?

Ah bon ?

Comment ?!

Euh... en fait, je n'ai jamais fait partie d'un club de tir à l'arc, alors je ne savais pas... C'est donc la main gauche ?

Mais alors... pendant tout ce temps-là, tu as tiré au pif, et en apprenant tout seul ?!... Quel danger !

Mouais... Je me débrouille plutôt bien, pourtant, non ? Il n'y a pas de raison de s'inquiéter.

Question : Quel était ton surnom quand tu étais petit ? Est-ce que je peux t'appeler "U-chan" ?

Cela m'ennuierait.

Tu... T'es plutôt froid, comme mec !

Question : Dans le volume 5, on peut lire que tu aimes la soupe que tu prépares toi-même. Est-ce que ça veut dire que tu vis seul ? Parle-nous un peu plus des plats que tu aimes ?

Oui. Je vis seul.

Vraiment ? Pourquoi ? Ta famille vit très loin ou un truc dans ce genre-là ?

Ça ne te regarde pas. Je ne veux pas parler de ma vie privée.

T'es vraiment méchant... et les plats que tu aimes ?

Ce n'est pas vraiment mon plat préféré, après tout... je suis juste fier de pouvoir bien le préparer.

On dirait une femme au foyer.

Question : La cape d'Ishida est assez courte, alors que celle de son maître était plutôt longue... Est-ce que ça a un quelconque rapport avec la force spirituelle des Cracy ou un truc comme ça ?

Non... et puis nous sommes les "Quincy", pas "Cracy". On choisit la longueur de sa cape en fonction de ses goûts. Mon maître aimait les capes longues..

Question : Ishida, est-ce que tu aimes porter ce costume traditionnel des... euh, Cracy ?

Mais puisque je vous dis que c'est "Quincy"... Attendez un peu ! Pourquoi y a-t-il autant de monde qui se trompe sur mon nom ? Vous avez choisi exprès les lettres contenant des erreurs ?

Meeeeuh non ! Je crois juste que tu n'es pas un perso assez charismatique.

...

Question : Ishida, aimez-vous vraiment le genre de vêtements que vous portez ?
Question : Pourquoi est-ce qu'Ishida est nul pour choisir ses fringues ?

Voilà ! C'est ça que je voulais avoir pour thème principal de l'émission ! Ishida est super ringard et ne sait pas choisir ses fringues !!

Quel manque de politesse...! Vous êtes tous sous l'influence de Kurosaki parce qu'il passe son temps à répéter que mes vêtements sont bizarres. Mais moi personnellement, je ne trouve absolument pas qu'ils soient moches ou...

Mais tout le reste du monde trouve qu'ils sont immondes, et c'est pour ça qu'on nous envoie ce genre de lettre, non ?

Urgh...!!

Question : Dans sa petite enfance, Ishida trouvait que les vêtements des Quincy étaient ridicules et qu'il fallait renouveler le garde-robe. Dans ce cas-là, quel genre de vêtements aurait-il préféré ?

Alors, qu'est-ce que tu vas leur répondre ? Allez, le quatre z'yeux qui ne sait pas choisir ses fringues va nous donner son opinion !! Allons-y, Monsieur "mes-fringues-ne-sont-pas-moches", Uryû-chan !!

Non mais... si vous tenez à insister autant, alors je vais vous montrer. Il se trouve que j'ai justement gardé un dessin que j'avais fait quand j'étais petit, de l'uniforme idéal. Malgré mon très jeune âge, j'étais déjà tellement doué que ça ne m'étonnerait pas que vous tombiez à la renverse face à quelque chose d'aussi beau !!

ARGHH !!
L'HORREUR...

GÉNÉRIQUE DE FIN :
"GOOD NIGHT ! RADIO KON BABY !"

0.8.a wonderful error

MERCI.
HELLO ?
HELLO ?
MESSAGE POUR LE MONDE...
S'IL VOUS PLAÎT, RÉPONDEZ.
EST-CE QUE MON CODE EST CORRECT ? POUVEZ-VOUS M'ENTENDRE ?
MON MONDE TOURNE-T-IL CORRECTEMENT ?
SYSTEM ALL GREEN.
COMMUNICATIONS INTERROMPUES.
bleach0.8

a   wonderful   error

Tite Kubo

C'EST AFFREUX !!

OUIIII !! ET ILS VONT VENIR DANS LE MÊME LYCÉE QUE NOUS À PARTIR DE CETTE ANNÉE !!

MAIS... T'ES FOU ?! C'EST DE CHAD ET KUROSAKI QU'ON PARLE, LÀ !!

JE TE PARIE QUE CE KUROSAKI SE TEIGNAIT DÉJÀ LES CHEVEUX QUAND IL ÉTAIT BÉBÉ ! ET C'EST UNE BRUTE SUPER FORTE À LA BASTON ! ET IL PARAÎT QUE CHAD EST ENCORE 100 FOIS PLUS FORT !!

CE NE SONT QUE DES RUMEURS.

ON NE PEUT PAS SAVOIR SI UNE RUMEUR EST VRAIE OU PAS AVANT D'AVOIR RENCONTRÉ QUELQU'UN EN PERSONNE.

CRE... CRÉTIN !! TU NE SAIS PAS ?! CE SONT DES MARGINAUX ! DES YANKEES, DES FURYÔS !!

CE GENRE DE MEC, ÇA COPINE À FOND AVEC DES YAKUZA, ET SI ÇA SE TROUVE, ÇA FAIT MÊME DU TRAFIC DE STUPÉFIANTS, ET JE TE PARIE QU'ILS PASSENT CINQ HEURES D'AFFILÉE TOUS LES JOURS À LIRE DES LIVRES PORNOS DANS LES LIBRAIRES SANS PAYER !! IL Y A PLEIN DE RUMEURS COMME ÇA À LEUR SUJET !

MOUAIS.

POURQUOI PLEURES-TU ?

LE SIMPLE FAIT QUE CES DEUX-LÀ EXISTENT ET SOIENT DANS LE MÊME LYCÉE QUE NOUS DÉTRUIT TOUTES NOS CHANCES D'AVOIR UNE VIE LYCÉENNE DE RÊVE ET JOYEUSE COMME JE L'AVAIS SOUHAITÉ !!

WAAH

HUUM...

RÉUNION DE LA CLASSE ET PRÉSENTATION DU PROF PRINCIPAL, PUIS LA CÉRÉMONIE...

FLAP

TU PEUX VOIR ÇA DE SI LOIN.

T'ES DOUÉ...

NOUS SOMMES DANS LA SECONDE 3.

AH...

...ILS ONT AFFICHÉ LA RÉPARTITION PAR CLASSE.

2nde 3

Professeur principal : MIYU KOJITOMO		Adjudant du professeur principal : TAKESHI TSUCHII	
GARÇONS		**FILLES**	
1	KEIGO ASANO	1	TATSUKI ARISUGAWA
2	ASÔ SHUN	2	ORIHIME INOUE
3	ISHIDA URYÛ	3	MICHIRU OGAWA
4	REIICHI ÔSHIMA	4	HITOMI VICTORIA ODAGIRI
5	YÛKÔ CONRAD ODAGIRI	5	AIKO KUGIBASHI
6	ICHIGO KUROSAKI	6	RYÔ KUNIEDA
7	MIZUIRO KOJIMA	7	KAN SERIZAWA
8	TOSHISUKE OSOGAWA	8	MIKAKO TOMOSHIGE
9	YASUTORA SADO	9	SHINKA NATSUI
10		10	

QU...

J'AI UN TEL GÉNIE POUR ÇA QUE C'EN EST PRESQUE MALADIF.

ZAM

PARFAIT.

ALORS TU AS CINQ MINUTES.

TROUVE QUELQUE CHOSE QUI PUISSE NOUS ÉVITER L'EXPULSION APRÈS QU'ON AURA SAUVÉ ASANO.

...MAIS JE N'AI PERSONNE À QUI ANNONCER LA BONNE NOUVELLE.

JE SUIS TELLEMENT HEUREUX...

TU VOIS BIEN QU'IL SONT DIFFÉRENTS DE CE À QUOI TU T'ATTENDAIS.

PARFOIS, JE ME DIS...

M'EN- FIN...

HMM...

ZIK ZIK

...QUE DANS CE MONDE, ON EST TOUS RELIÉS PAR DES FILS...UN PEU COMME DES PATIENTS RELIÉS À DES MACHINES DANS UN HÔPITAL...

ON A TOUS TELLEMENT PEUR QUE CES LIENS SOIENT COUPÉS...

KRAK

...ET POURTANT, C'EST IMPOSSIBLE D'ÉVITER QUE ÇA ARRIVE.

OUI... ENFIN, PEUT- ÊTRE...

QUOIQUE, PAS TELLEMENT.

C'EST TERRIBLEMENT DUR DE REMETTRE EN PLACE UN FIL BRISÉ ET DE LE RENDRE COMME IL ÉTAIT AVANT...JE N'Y ARRIVE PAS ENCORE DANS MA VIE.

TU N'APPELLES PAS NANAKO AUJOURD'HUI ?

HELLO.

HELLO.

NON.

JE N'EN RESSENS PAS LE BESOIN.

SYSTEM ALL RED.

MON MONDE TOURNE ENFIN CORRECTEMENT.

LA COMMUNICATION MARCHE ENTRE NOUS, ET MON CODE EST CORRECT.

MESSAGE POUR MON NOUVEAU MONDE.

JE SUIS HEUREUX DE VOUS AVOIR RENCONTRÉS.

LA COMMUNICATION SE FAIT...

TANT MIEUX.

Fin de l'épisode spécial "A wonderful error"